Susanne Dieter

ELSTER - Die elektronische Steuererklärung

GRIN Verlag

Bibliografische Information der Deutschen Nationalbibliothek:

Die Deutsche Bibliothek verzeichnet diese Publikation in der Deutschen National-
bibliografie; detaillierte bibliografische Daten sind im Internet über http://dnb.d-
nb.de/ abrufbar.

Impressum:

Copyright © 2014 GRIN Verlag GmbH
Druck und Bindung: Books on Demand GmbH, Norderstedt Germany
ISBN: 978-3-656-60890-5

Dieses Buch bei GRIN:

http://www.grin.com/de/e-book/269707/elster-die-elektronische-steuererklaerung

GRIN - Your knowledge has value

Der GRIN Verlag publiziert seit 1998 wissenschaftliche Arbeiten von Studenten, Hochschullehrern und anderen Akademikern als eBook und gedrucktes Buch. Die Verlagswebsite www.grin.com ist die ideale Plattform zur Veröffentlichung von Hausarbeiten, Abschlussarbeiten, wissenschaftlichen Aufsätzen, Dissertationen und Fachbüchern.

Fachhochschule Kaiserslautern

University of Applied Sciences

Hausarbeit

E L S T E R

Die elektronische Steuererklärung

Studiengang	Angewandte Informatik
Modul	Sicherheit in IT-Systemen
Verfasser	Susanne Dieter
Datum	13.01.2014

Inhaltsverzeichnis

1. Kurzfassung

In dieser Hausarbeit wird die elektronische Steuererklärung (ELSTER) im Hinblick auf die technische Umsetzung und deren Risiken beschrieben.

Hauptsächliche Themen sind die Software, die Zertifikate und die Verschlüsselungsmethoden der Finanzverwaltung, die Sicherheitsmaßnahmen bei der Datenübertragung per Internet sowie die Schwachstelle „Anwender".

Auch die Entwicklung seit Einführung der ELSTER, die Schnittstellen für Drittsoftware-Hersteller und die Nutzungsmöglichkeiten für Linux- und Mac-OS-Benutzer werden angesprochen. Ebenso wird ein Blick auf die Planungen für zukünftige Entwicklungen geworfen.

2. Motivation

Bereits seit dem Veranlagungszeitraum 2004 ist die Nutzung der elektronischen Steuererklärung verpflichtend für Umsatzsteuer-Voranmeldungen. Im Laufe der Jahre wurde auch für weitere Steuerarten die Abgabemöglichkeit auf Papier eingeschränkt. [ELS-G]

Gerade zu Beginn gab es noch viele Steuerpflichtige ohne elektronische Buchhaltung. Dies betrifft auch immer noch Linux- und Mac-OS-Benutzer, da für diese Betriebssysteme zwar Programme existieren, die aber nicht alle Funktionen zur Verfügung stellen, die Windows-Software mitbringt. (siehe Abschnitt 7).

Die ELSTER-Nutzung birgt daneben auch Risiken, die Gegenstand dieser Arbeit sind.

3. Beschreibung ELSTER

ELSTER steht für elektronische Steuererklärung. Bürger können mit Hilfe der Software der Finanzverwaltung oder Software von Drittherstellern ihre Steuererklärung elektronisch übermitteln.

ELSTER ist Teil von KONSENS (Koordinierte neue Softwareentwicklung der Steuerverwaltung) zur Vereinheitlichung der Verwaltungssoftware der deutschen Finanzämter. Verantwortlich für die elektronische Steuererklärung ist das Bayerische Landesamt für Steuern als Koordinator des Projektes der Steuerverwaltungen aller Bundesländer und des Bundes.

Die Zahl der Nutzer steigt kontinuierlich, auch aufgrund der Tatsache, dass die elektronische Übermittlung für viele Nutzer verpflichtend ist, wie in Abschnitt 2 aufgeführt. „Im Jahr 2011 reichten die Bürger 8,6 Millionen Einkommensteuererklärungen mit ELSTER ein. Daneben wurden 39,3 Millionen Umsatzsteuer-Voranmeldungen (...) getätigt." [Wikipedia]

Auf die rechtlichen Grundlagen (Steuergesetze, Abgabenordnung, Datenschutzgesetz, Telemediengesetz) wird in dieser Arbeit nicht näher eingegangen.

Die IT-Technik

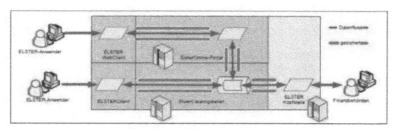

Abb. 1: datenschutz cert GmbH, Kurzgutachten Datenschutzgütesiegel

Der Anwender registriert sich bei ElsterOnline und entscheidet sich für eine Sicherheitsstufe / Zertifikat. Dies ist entweder eine Datei auf dem Rechner des Anwenders (ELSTERBasis), auf einem USB-Security-Stick (ELSTERSpezial) oder auf einer Signaturkarte (ELSTERPlus).

Der Benutzer sendet seine Steueranmeldung oder -erklärung zur Clearingstelle. Diese wird auf Servern in München und Düsseldorf gehostet und leitet die Daten ihrerseits weiter an die Kopfstellen des jeweiligen Bundeslandes, die die Daten an das zuständige Finanzamt schickt. Die Daten von der Clearingstelle zur Kopfstelle werden über ein zuganggesichertes Behördennetz (DOI-Netz) verschlüsselt über Kryptoboxen geleitet, die Verbindung von Anwender zur Clearingstelle ist eine HTTPS-/SSL-gesicherte Verbindung. [DSG]

Die einzelnen Sicherheitsmaßnahmen werden in den Kapiteln 8 und 9 erläutert.

4. Nutzen

Das Finanzamt Brandenburg beschreibt auf seiner Website die Vorteile, die sich für den Nutzer ergeben: Ersparnis von Portokosten, Überprüfung auf Plausibilität, Datenübernahme aus dem Vorjahr, Zeitersparnis, unverbindliche Steuerberechnung und schnellere Bearbeitung durch das Finanzamt. [FB]

Aus den o.g. Punkten ergeben sich auch Vorteile für das Finanzamt, nämlich erhoffte Kostenersparnisse aufgrund schnellerer und leichterer Bearbeitung.

Des Weiteren werden auch Vorteile genannt, die Zweifel aufrufen können. Zum Einen nützt die „bedienerfreundliche Oberfläche" nur wenig, da die Anwendung ELSTER selbst im Gegensatz zu Steuersoftware von Drittherstellern keine Unterstützung bei der Dateneingabe bietet (steuerberatende Funktionen). Die ebenfalls erwähnte Sicherheit ist Thema dieser Hausarbeit und wird in den folgenden Kapiteln beleuchtet.

Neu ist zudem seit 2014 die vorausgefüllte Steuererklärung. Hier muss der Nutzer dennoch die Daten prüfen, denn Fehler in Steuerbescheiden durch falsch übermittelte Daten von Arbeitgebern, Krankenkassen etc. häufen sich. [VLH]
Ob dies an der Auslastung der Mitarbeiter liegt und auch ohne ELSTER der Fall wäre, kann hier nicht geklärt werden.

5.   Entwicklung seit Einführung der ELSTER

Im Folgenden wird auf den technischen Aspekt und die Sicherheit und nicht auf die einzelnen Steuerarten oder neue Funktionalitäten eingegangen.

Beginn 1999 und 2000:

1999 wurde ELSTER offiziell eingeführt, zunächst nur für Einkommensteuererklärungen. Im Jahr 2000 schrieb Stiftung Warentest einen Artikel „Steuererklärung: Kuckucksei im Elsternest": [SW]

Zwar wurden die Sicherheitsmaßnahmen 3DES (112-BitSchlüssel) und RSA (1024-bit-Schlüssel) für sicher befunden, aber „Vorname, Name, Postleitzahl, Ort, Straße, Hausnummer, Finanzamt- und Steuernummer sowie Installationspfad der ELSTER-Software überträgt das Programm unverschlüsselt."

Viele weitere Mängel wurden dargestellt. Bspw. war die Steuererklärung möglich alleine mit Angabe der Steuernummer, die aber auf Rechnungen stehen muss und daher leicht in Erfahrung gebracht werden kann. Download und Updates wurden für unsicher befunden, Daten könnten abgefangen werden. Auch andere PC-Steuer-Software war betroffen.

Einige Stationen bis 2012 [Wikipedia]

* 2004:   Elektronische Abgabe verpflichtend für die erste Steuerart (Umsatzsteuer-Voranmeldungen)

* 2005:   Einführung von X.509 Zertifikaten

* 2008:   Erstmalige ISO-27001-Zertifizierung durch das BSI

* 2008:   Bibliothek ERiC für Drittsoftware-Hersteller auch für Linux verfügbar

* 2009:   Zoll nutzt erste Anwendung mit ELSTER-Zertifikat (Internetausfuhranmeldung (IAA))

* 2010:   Datenschutz-Gütesiegel für Steuerdaten-Anwendung „ElsterOnline" durch das Unabhängige Landeszentrum für Datenschutz Schleswig Holstein (siehe Abschnitt 9.5)

* 2011:   Bibliothek ERiC für Drittsoftware-Hersteller auch für Mac OS verfügbar

2013

* 01.01.2013: Umsatzsteuer-Voranmeldung, Antrag auf Dauerfristverlängerung, Anmeldung einer Sondervorauszahlung, Zusammenfassende Meldung und die Lohnsteuer-Anmeldung nur noch mit Zertifikat, Sicherheitsstick oder Signaturkarte möglich [EW]

Aus dem Newsfeed des Portals elster.de [ELS-N]:

* 12.03.2013: ElsterOnline-Portal auf Linux und Mac OS X lauffähig

- 12.03.2013: Software ELSTERFormular derzeit und in Zukunft nicht für Linux und Mac geplant

- 22.04.2013: Registrierung mit neuem Personalausweis möglich

- 06.08.2013: Nutzung von ElsterOnline auch ohne Java möglich

6. Möglichkeiten der Nutzung durch Software-Hersteller / Schnittstellen

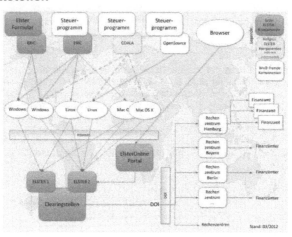

Abb. 2: Wikipedia, ELSTER

Für Fremdsoftware-Hersteller stehen zwei Schnittstellen zur Verfügung:

Schnitt-stelle	Programmier-sprache	Betriebs-systeme	Funktionen	Bemerkungen
ERiC (ELSTER Rich Client)	C	Windows, Linux, Mac OS X	• Überprüfung der Steuerda-ten auf Plausibilität • Verschlüsselung und Ver-sendung • Druck der Übergabeproto-kolle bzw. komprimierten Steuererklärung als PDF • Aufruf von Informations- und Hilfsfunktionen	Jahressteuern wie Einkommensteuer, Gewerbesteuer usw. dürfen nur über die ERiC-Bibliotheken abge-geben werden
COALA	Java	Windows, Linux, Mac OS X		wird nicht mehr weiter entwickelt

Der Software-Hersteller muss sich beim Bayerischen Landesamt für Steuern registrieren. „Die Teilnahme wird in aller Regel ohne Vorbedingungen und ohne weitere Prüfung erteilt." ... „Aus den übergebenen Daten muss erkennbar sein, mit welcher Software der Eingabedatensatz erstellt wurde. Deshalb muss jeder Eingabesatz zusätzlich die Identifikationsnummer (Hersteller-) und ein Copyright des Herstellers enthalten." [ELS-A]

Offenlegung der Spezifikationen

Um eigene GUIs oder Zusatzfunktionen zu entwickeln, bietet Elster „neben einer JAVA-API ("COALA") (...) auch Möglichkeiten zur direkten Kommunikation mit der ELSTER-Clearingstelle der Finanzverwaltung. Hierzu gibt es eine Spezifikation. Im Groben sind dies:" [ELS-A]

Spezifikation	Bemerkung
XML-Datenstrukturen mit XML-Schema	
Übermittlung per HTTP	HTTPS nicht möglich?
Verschlüsselung nach PKCS#7 (Public Key Cryptography Standards)	Einer der 13 derzeit aktuellen Standards für öffentliche Schlüssel
gegebenenfalls Signatur nach XML-DSig	Spezifikation für das Signieren von XML-Dokumenten, die Signaturen bleiben auch während der Weiterverarbeitung verschlüsselt

Open Source

Die Schnittstellen COALA und ERiC selbst sind nicht quelloffen. Es wird ermöglicht, Open-Source-Software zu entwickeln; die Nicht-Offenlegung behält sich die Finanzverwaltung allerdings vor. [ELS-A]

Eine besondere Verantwortung betrifft hier auch den Nutzer. Es heißt: „Eine "freie" Steuererklärungssoftware, die von einer Vielzahl von Personen entwickelt und an deren Bedürfnisse angepasst werden kann, unterliegt besonderen Qualitätsregeln. Spätere Änderungen eines gegebenenfalls geprüften Programmcodes sind nicht nur möglich, sondern erwünscht. Die Funktionssicherheit des Programms muss daher durch den Nutzer eigenverantwortlich überprüft werden." [ELS-A]

7. Möglichkeiten der Nutzung durch den Bürger

Nur Windows-Benutzer haben seit Beginn die Möglichkeit, Freeware zu nutzen, nämlich die Software der Finanzverwaltung. ELSTER bietet im Gegensatz zu kostenpflichtiger Steuer-Software von Drittherstellern allerdings keine steuerberatenden Funktionen, also Hilfe beim Ausfüllen der Formulare. Lediglich eine Plausibilitätsprüfung und ab 2014 die Nutzung einer vorausgefüllten Steuererklärung sind möglich.

Für Linux- und Mac-OS-User wurden im Laufe der Jahre diverse kostenpflichtige Programme entwickelt. Es existiert zwar Freeware, „die jedoch bislang nur Steueranmeldungen, aber keine Jahreserklärungen verarbeiten. Eine Steuererklärung lässt sich mit einem Linux-Rechner ohne sehr fortgeschrittene Computerkenntnisse nicht kostenlos elektronisch erstellen und an das Finanzamt übermitteln (Stand: März 2013)" [Wikipedia]

Das ELSTEROnline-Portal kann zwar unter Linux genutzt werden, für die Software ELSTER Formular ist auch in Zukunft keine Linux- oder Mac-OS-Unterstützung geplant, wie in Abschnitt 5 (Entwicklungen) bereits erwähnt.

Eine weitere Möglichkeit neben dem ElsterOnline-Portal bieten Internet-Dienste wie bspw. das WiSo InternetSparbuch von Buhl Data oder Steuerfuchs.de von Hartwerk. Die Sicherheit bei Nutzung der Cloud und die Sicherheit der Server der Anbieter sind nicht Thema dieser Arbeit, die sich hauptsächlich mit der Software der Finanzverwaltung beschäftigt. Die unten beschriebenen Sicherheitsmaßnahmen für Server und Internetverbindung können aber sinngemäß übertragen werden von Finanzverwaltung auf Anbieter.

8. Risiken und reale Schadensfälle

8.1. Reale Schadensfälle

In mehreren vergangenen Jahren wurde vor gefälschten E-Mails im Namen der Finanzämter gewarnt.

Im Februar 2013 warnte u.a. die ZEIT. In dem Artikel „Falsche Steuerbescheide infizieren Computer" wurde sogar darauf hingewiesen: „Bislang werden die E-Mails der Spammer von gängigen Antiviren-Programmen nicht erkannt." [ZEIT]

Diese Art Phishing-E-Mails sind nicht ELSTER-spezifisch; auch Banken, Onlinehändler und andere Anbieter sind davon betroffen. Die ELSTER-Entwickler haben hierauf keinen Einfluss.

Obwohl immer wieder auf die Risiken der elektronischen Steuererklärung hingewiesen wird, erscheint die Zahl der tatsächlich eingetretenen Schadensfälle gering. Ein ELSTER-Trojaner (BKA-Trojaner) entpuppte sich gar als Aprilscherz des Chaos Computer Clubs.

Ein harmloseres Problem stellen defekte oder verloren gegangene Zertifikate nach einem Festplatten- oder Rechner-Defekt dar, solange diese nicht in fremde Hände gelangen.

8.2. Potenzielle Schäden und Abhilfen

Es existieren diverse Risiken, sowohl durch die ELSTER-Anwendung selbst, durch Java und JavaScript, die Internetverbindung an sich oder auch durch den Anwender:

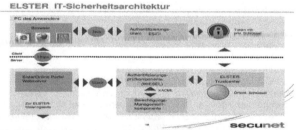

Abb. 3: Kurt Meier, Secunet, SOA-basierte IT-Sicherheitskomponenten in ELSTER

Schwach-stelle	Problem	Abhilfe	Details in Kapitel
Daten-schutz, -sicherheit	Zunächst Abgabe der Steuererklärung und Abfragen von Daten alleine mit Steuer-nummer möglich	**Versand der Steuerdaten:** Authentifizierung des Absenders durch Zertifikate in drei Sicherheitsstufen **Registrierung:** E-Mail-Adresse wird per E-Mail verifiziert, zweiteiliges Passwort: Mail mit Aktivierungs-ID, Brief mit Aktivierungs-code, Postadresse wird nicht abgefragt	9.1 9.2
	Allgemein	Datenschutz-Gütesiegel des ULD, Daten werden nur temporär gespeichert	9.5
	Allgemein	ISO-27001-Zertifizierung auf der Basis von IT-Grundschutz des BSI für die Server der Rechenzentren in München und Düsseldorf	9.6
Echtheit des Programms und Updates		Bezug der Software auf CD; seit 2008/09 Integritätsprüfer Bestandteil der Software	9.4
Daten-übertragung	Anwender ↔ ELSTER	u.a. Firewall, Verschlüsselung	9.3
	Clearingstelle ↔ Behörden	zugangsgesicherten Behördennetz [DCG, Seite 8]	Nicht Gegen-stand dieser Arbeit
JavaScript	diverser Missbrauch möglich	Fraunhofer AISEC-Zertifikat für geprüfte JavaScript-Sicherheit	9.7
Java	diverse bekannte Risiken, die zur Empfehlung führte, Java zu deinstallieren	ElsterOnline und ELSTERBasis ohne Java nutzbar seit 2013. Für ELSTER Spezial (Sicherheitsstick, Stufe 2) und ELSTER Plus (Signaturkarte, Stufe 3) wird weiterhin Java benötigt. OpenJDK anstelle von Oracle Java wird nicht unterstützt.	10
Steuer-Software von Dritt-anbietern	Integrierte ELSTER-Anwendung		6
User	Zugangsdaten und Zertifikat können verloren gehen, gelöscht werden, gestohlen werden	Sperren des Accounts, User schulen, Daten nicht auf PC sichern, auf den Dritte Zugriff haben	10

| Gefälschte E-Mails, scheinbar von Finanzamt, mit Malware | User schulen, Mails und Dateianhänge nicht zu öffnen | 10 |
| Sonstige Gefahren bei Internetnutzung generell | Firewall, Virenscanner, Updates ... | 10 |

9. Aktueller Stand der Sicherheitsvorkehrungen

Abb. 4: Website www.elsteronline.de

Auf der Website wird auf folgende Sicherheiten hingewiesen:

- BIK-geprüfter Webauftritt
  Dies bezieht sich auf Barrierefreiheit und wird in dieser Arbeit nicht weiter verfolgt.

- ISO-27001-Zertifikat auf Basis der IT-Grundschutz-Kataloge des BSI
  siehe Abschnitt 9.6

- Fraunhofer-AISEC-Zertifikat für geprüfte JavaScript-Sicherheit
  siehe Abschnitt 9.7

Des Weiteren werden folgende Sicherheitsvorkehrungen getroffen:

- Datenschutz und Datensicherheit, Datenschutzgütesiegel des ULD
  siehe Abschnitt 9.5

- Drei Sicherheitsstufen für die Zertifikate bei der Übermittlung:
  ELSTERBasis, ELSTERSpezial, ELSTERPlus
  siehe Abschnitt 9.1

- Sicherheit bei der Registrierung
  siehe Abschnitt 9.2

- Internetverbindung
  siehe Abschnitt 9.3

9.1 Die drei Sicherheitsstufen bei der Übermittlung der Steuervoranmeldung oder -erklärung

Der Nutzer kann ein Zertifikat aus drei Sicherheitsstufen wählen, ELSTERBasis, ELSTER-Spezial und ELSTERPlus, die im Folgenden näher beleuchtet werden.

	ELSTERBasis	ELSTERSpezial	ELSTERPlus
	Zertifikat als Datei auf Ihrem Computer	Zertifikat auf Ihrem Sicherheitsstick	Persönliches Zertifikat von Ihrer Signaturkarte
Sicherheit	hoch	sehr hoch	sehr hoch
Kosten	keine	41 Euro	50 bis 150 Euro*
Bedienung	einfach	einfach	komplex
Bewertung	✪ ✪	✪ ✪	✪
	▸ Infos und Registrierung mit Java	▸ Infos und Registrierung	▸ Infos und Registrierung
	▸ Infos und Registrierung ohne Java		

Abb. 5: ElsterOnline-Portal

Es besteht die Möglichkeit, ein privates oder ein Organisationszertifikat, z. B. für Firmen oder Steuerberater, zu beantragen.

9.1.1 ELSTERBasis (Zertifikat, kostenlos)

Verfahren

Standardmäßig wird das Zertifikat auf dem Rechner des Anwenders gespeichert. Der Nutzer kann alternativ auch einen USB-Stick, eine CD oder ein anderes Medium wählen.

Das Dateiformat pfx lässt auf die Verwendung von PKCS#12 schließen. PKCS steht für derzeit 13 Spezifikationen des Public Key Cryptography Standards. Die Datei speichert den private key und das zugehörige Public-Key-Zertifikat passwortgeschützt.

ELSTERBasis funktioniert auch ohne Java. Der Benutzer muss allerdings JavaScript aktivieren, Cookies zulassen, und DSL wird empfohlen. Besonders bei der Verwendung mit Java wird auf die Übertragung großer Applets und auf die Erfordernis einer schnellen DSL-Verbindung hingewiesen.

Sicherheitsmaßnahmen

- Zertifikat nach dem Standard PKCS#12, RSA, 2048 bit
- 6stellige PIN

Mögliche Schwachstellen

- Zertifikat und Schüssel

  Die Schlüssellänge von 2048 bit gilt nach derzeitigem Stand als sicher, da ein Ausprobie-ren aller möglichen Schlüssel durch Hacker nicht in der Zeit der Gültigkeit der Zertifikate durchführbar ist. Der PKCS#12-Standard entspricht ebenfalls dem aktuellen Stand der Technik.
  Das Thema Verschlüsselung, RSA und Zufallszahlen wird in Kapitel 10, Internetverbin-dung, detaillierter besprochen.

- JavaScript

  Auch hier ist seit Jahren bekannt, dass Missbrauch möglich ist, z. B. verschleierte Links, XSS, Pop-Ups, Pop-Unders oder Hacking von Websites. Der Anwender sollte darauf achten, dass JavaScript nur für vertrauenswürdige Seiten aktiviert wird, wobei diese für Laien schwer zu erkennen sind und theoretisch selbst Angriff von Hackern werden könnten.

- Cookies

  Mit Cookie-Dateien können Informationen über besuchte Websites und den verwendeten Browser gespeichert werden. Daher besteht hier ein Datenschutz-Risiko, besonders, wenn der Anwender nicht weiß, dass man Cookies nur für bestimmte Seiten erlauben bzw. verbieten kann.

- Diebstahl der Zertifikatsdatei

  Wenn ein Dieb zusätzlich die PIN und Steuerdaten erhält, z. B. als Mitarbeiter oder Besu-cher des Unternehmens, kann er Steuerbescheide einsehen oder eine falsche Voranmel-dung verschicken, so dass evtl. von dem Konto ein hoher Betrag per Lastschrift durch das Finanzamt eingezogen werden kann.

- Beschädigung oder Verlust der Zertifikatsdatei durch Hardware-Defekt

  Hier hilft eine Sicherung einer Kopie auf einem anderen Medium.

- 6stellige PIN

  Dies erscheint erstens als zu kurz, und zweitens neigen Nutzer dazu, leicht zu merkende PINs zu nutzen, bspw. das eigene Geburtsdatum.

- Die Internetverbindung selbst (siehe Punkt 9.3)

9.1.2 ELSTERSpezial (Sicherheitsstick, 41 €)

Verfahren

In diesem Verfahren wird das Zertifikat auf einem USB-Stick mit einem Kryptochip gespei-chert, der nur für ELSTER und nur für eine Person bzw. Organisation verwendet werden kann. Der USB-Stick ist mit einer PIN gesichert, die der Anwender selbst aussuchen kann.

Sicherheitsmaßnahmen laut Website [SS]:

- USB-Stick mit Kryptographieprozessor mit festverdrahteten Sicherheitsfunktionen (FAQ Punkt 1.7)

- Schlüsselgenerierung ausschließlich auf dem Chip im Stick (FAQ Punkt 1.7)

- Elliptische Kurvenkryptographie bei G&D StarSign Crypto USB Token für ELSTER oder 2048-bit-Verschlüsselung bei G&D StarSign USB Token für ELSTER (FAQ Punkt 1.5) (Stick mit 1024 bit Verschlüsselung wird nicht mehr vertrieben)

  Wie in Abschnitt 9.1.1 ELSTERBasis beschrieben, entspricht eine 2048-bit-Verschlüsselung dem aktuellen Stand der Technik.
  Das elliptische Kryptographieverfahren für den Crypto USB Token ist effizienter als RSA. Mit einer Länge von 112 bit wird eine ähnliche Sicherheit erreicht wie bei RSA mit 2048 bit. Welche Länge hier verwendet wird, wird in der FAQ nicht erwähnt.

- Sperrung nach dreimaliger falscher PIN-Eingabe, danach Löschen des Kontos und neue Registrierung notwendig (FAQ Punkt 3.7)

Mögliche Schwachstellen

- Zertifikat und Schlüssel

  Hier gilt das in Abschnitt 9.1.1 für ELSTERBasis Geschriebene.

- Java

  Es gibt diverse bekannte Risiken, die zur Empfehlung führte, Java zu deinstallieren. [u.a. HEISE und SPIEGEL]
  Das Thema Java wird in Kapitel 10 (Schwachstelle Anwender und Handlungsempfehlungen) beschrieben.

- Administratorrechte
  - Der Stick benötigt einen Treiber, der von der Website heruntergeladen und als Admin installiert werden muss. (FAQ Punkt 2.8)
  - Der Browser muss einmalig als Admin gestartet werden für das Einloggen und Registrieren beim ElsterOnline-Portal. (FAQ Punkt 3.11)

  Programme, die im Browser absichtlich oder unabsichtlich als Administrator ausgeführt werden, haben somit Administratorrechte und können u.a. weitere Software (Malware) im Hintergrund installieren, Dateien löschen oder sogar die Registry oder Systemverzeichnisse manipulieren. Besonders gefährlich wird es, wenn der User vergisst, den Browser später wieder als normaler User zu starten und weiter als Admin surft.

- Der Windows-SmartCard-Dienst muss laufen. (FAQ Punkt 4.1)

  Auch dieser Dienst könnte missbraucht werden, wenn auch nicht so eine hohe Gefahr besteht wie bei den anderen Schwachstellen. [CW]

- Die PIN kann vom Benutzer ausgesucht werden und soll nur genau sechs Zeichen lang sein. (FAQ Punkt 3.5)

  Hier gilt das in Abschnitt 9.1.1 für ELSTERBasis Geschriebene.

- Der Stick oder die Datei kann beschädigt werden.

  Eine Kopie kann durch den normalen Anwender nicht angelegt werden, da der Stick nicht als Laufwerk erscheint. D.h. er muss sich neu bei ELSTER registrieren.

- Der Stick kann verloren gehen oder gestohlen werden.

  In diesem Fall muss der Kunde ebenfalls seine Daten löschen und sich neu bei ELSTER registrieren. Wenn ein Dieb neben dem Stick zusätzlich die PIN und Steuerdaten erhält, z. B. als Mitarbeiter oder Besucher des Unternehmens, kann er Steuerbescheide einsehen oder eine falsche Voranmeldung verschicken, so dass evtl. von dem Konto ein hoher Betrag per Lastschrift durch das Finanzamt eingezogen werden kann.

- Die Internetverbindung selbst (siehe Punkt 9.3)

9.1.3 ELSTERPlus (Signaturkarte, ca. 50 bis 150 €)

Verfahren

In diesem Verfahren wird das Zertifikat auf einer Signaturkarte gespeichert. Dies kann bspw. eine Karte von DATEV sein, eine Sparkassen-Card, eine D-Trust-Karte oder auch der neue Personalausweis. Es wird ein Kartenleser benötigt.

Sicherheitsmaßnahmen laut Website [ELS-S]

- keine Signaturkarten mit Authentifizierung mit Pseudonymen möglich
- empfohlene Verschlüsselung mit 2048 bit, Hash-Algorithmus RipeMD-160 oder SHA256

Mögliche Schwachstellen

- Zertifikat und Schlüssel

  Hier gilt das in Abschnitt 9.1.1 für ELSTERBasis Geschriebene.

- Kartenleser

  Kartenleser nach Secoder-Standard gelten derzeit als sicher. Die Elster-Online-Seite äußert sich jedoch nur zu unterstützten Signaturkarten, nicht zu den benötigten Kartenlesern. Der sog. neue Personalausweis bspw. kann auch mit Basis-Kartenlesern ohne eigene Tastatur genutzt werden, so dass die PIN über die Tastatur des Rechners eingegeben werden muss.

- Java

  Es gibt diverse bekannte Risiken, die zur Empfehlung führte, Java zu deinstallieren. [u.a. HEISE und SPIEGEL]

Das Thema Java wird in Kapitel 10 (Schwachstelle Anwender und Handlungsempfehlungen) beschrieben.

- Verlust oder Diebstahl der Signaturkarte

In diesem Fall muss die Karte beim Anbieter gesperrt werden. Wenn ein Dieb zusätzlich die PIN und Steuerdaten erhält, z. B. als Mitarbeiter oder Besucher des Unternehmens, kann er Steuerbescheide einsehen oder eine falsche Voranmeldung einschicken, so dass evtl. auf dem Konto ein hoher Betrag per Lastschrift eingezogen werden kann.

- Die Internetverbindung selbst (siehe Punkt 9.3)

9.2 Registrierung

Verfahren

Die Registrierung für die elektronische Steuererklärung funktioniert folgendermaßen [ELS-R]:

1. Der Nutzer meldet sich am Portal an, um eine Signatur zu beantragen. Hierfür wird immer noch Java benötigt (JRE ab 7.0).

2. Ein Teil des Passworts wird per E-Mail zugestellt, womit auch die E-Mail-Adresse zertifiziert wird.

3. Der zweite Teil folgt per Post, wobei die Post-Adresse nicht bei der Registrierung abgefragt wird, sondern aus den Finanzamt- oder Einwohnermeldeamt-Daten ermittelt wird.

Mögliche Schwachstellen

Die Verwendung von Java ist hier kritisch zu sehen, wie bereits in den vorangegangen Abschnitten zu ELSTERSpezial und ELSTERPlus geschrieben.

9.3 Internetverbindung

Generell besteht bei allen drei Sicherheitsstufen auch das Risiko der Kompromittierung des Rechners des Anwenders oder des Servers der Finanzverwaltung durch Viren, Trojaner, Keylogger etc. Dies ist allerdings nicht ELSTER-spezifisch und besteht auch bei „normaler" Internetnutzung.

Ebenfalls kann die Verwendung von WLAN, das sehr verbreitet ist, kritisch sein. Auch die Nutzung von ISDN oder Mobilfunk in Gegenden, in denen kein DSL verfügbar ist, bringt Gefahren mit sich, auf die hier aufgrund der Kürze der Arbeit nicht näher eingegangen werden kann.

Verfahren bei Nutzung der Software ElsterFormular

- Firewall:
  - Auf Seiten des Servers:
    „Das ELSTER-System ist durch eine Firewall vom allgemein zugänglichen Internet getrennt." [ELS-T] Hier wird nicht darauf eingegangen, in welcher Weise dies geschieht oder ob eine IDS vorhanden ist.

- Auf Seiten des Anwenders:
  Freigeschaltet sein müssen: pica.exe, installationsverwaltung.exe und ericprozess.
  exe. Dabei stellen nur die letzten beiden Anwendungen beim Update beziehungswei-
  se beim Sendevorgang eine Verbindung zum Internet her." [ELS-F]
  Verwendet werden auf Seiten des Anwenders die Ports 443 und 8000:

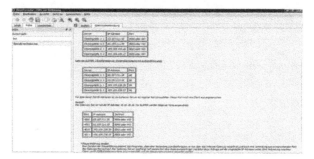

Abb. 6: ELSTERFormular-Hilfe

- Transferprotokoll

  „Die Auswahl des Transferprotokolls wird automatisch vorgenommen. (...) Beim authen-
  tifizierten Senden wird HTTP verwendet und beim Senden ohne Authentifizierung
  HTTPS." [ELS-F]
  Da seit 2013 nur mit Authentifizierung gesendet werden kann, wird scheinbar HTTP ver-
  wandt. Laut der Website [ELS-T] wird aber SSL mit Message Authentication Code
  (MAC) verwendet.

Verschlüsselung

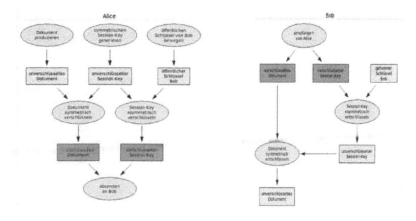

Abb. 7: Wikipedia, Hybride Verschlüsselung

Es wird eine hybride Verschlüsselung verwendet.

Die verschlüsselten Nachrichten werden mit einem symmetrischen session key verschlüsselt, der nach Beendigung der Verbindung wieder gelöscht wird auf dem Rechner dem Anwenders und dem Server der Finanzverwaltung.

Der session key wird vom Client berechnet und verschlüsselt mit dem öffentlichen Schlüssel der Finanzverwaltung. Diese nutzt ihren privaten Schlüssel, um ihn zu entschlüsseln (asymmetrisch). Die Nachrichten werden vor dem Senden mit dem symmetrischen session key verschlüsselt.

- Schlüssel der Finanzverwaltung

  Der öffentlicher Schlüssel der Finanzverwaltung ist ein Zertifikat, das mit dem privaten Schlüssel der Zertifizierungsstelle signiert ist. Verwendet werden Zertifikate der Firma VeriSign nach X.509- Standard. [ELS-T]

- Session key

  Der Client erzeugt einen symmetrischen session key mit Zufallszahlen, verschlüsselt diesen mit dem öffentlichen Schlüssel des ELSTER-Servers und schickt ihn an den ELSTER-Server. „Die Länge der asymmetrischen Schlüssel, die im SSL-Protokoll zur Übertragung des Session Keys verwendet werden, beträgt 1024 bit." Der ELSTER-Server entschlüsselt ihn mit Hilfe des eigenen privaten Schlüssels. Nach Beendigung der Verbindung wird der session key auf dem Rechner des Anwenders und dem Server der Finanzverwaltung gelöscht. [ELS-T]

- Nachrichten

  Nachrichten werden mit Hilfe des symmetrischen session keys verschlüsselt und entschlüsselt und mit einem Message Authentication Code (MAC) ergänzt. [ELS-T]

Mögliche Schwachstellen

Zertifikat und Schlüssel

Wie bereits in Abschnitt 9.1 geschrieben, entspricht die Verschlüsselung zwar dem aktuellen Stand der Technik, jedoch nur, wenn bestimmte Richtlinien für die Bestimmung der Zufallszahlen eingehalten werden, die Zertifizierungsstelle und der Server selbst nicht kompromitiert sind und auch der Anwender Sicherheitsvorkehrungen trifft:

- Verschlüsselung und Zufallszahlen

  Die Güte der Verschlüsselung mit Zufallsprimzahlen hängt von der Qualität der Zufallszahlengeneratoren ab. Zufallszahlen dürfen nicht vorhersagbar sein, was aber bei einigen Generatoren der Fall ist, die z. B. Impulsschwankungen elektronischer Schaltungen verwenden oder auch neue Zufallszahlen aus den vorhergehenden berechnen.

  So wurden 2013 u.a. durch das BSI zertifizierte Smartcards geknackt, die mit Schlüsseln von 1024 bit Länge gesichert waren, da die Primzahlfaktoren vorhersagbar waren. [HEISE4]

- Länge der Schlüssel

  Im Laufe der Zeit können mit immer schnelleren Rechnern immer längere Schlüssel gebrochen werden.

  Zukünftig könnten die Entwicklung von Quantencomputern oder eines schnelleren Algorithmus zum Faktorisieren und damit zum Entschlüsseln theoretisch dazu führen, dass alle bisher verwandten RSA-Verschlüsselungen geknackt werden können.

  Die Entwicklung muss also immer weiter im Auge behalten und entsprechend mit besseren Sicherheitsmaßnahmen (u.a. längere Schlüssel) reagiert werden.

- Sonstige Probleme in Zusammenhang mit Schlüsseln

  Der private Schlüssel darf nicht in falsche Hände geraten, z. B. durch Kompromittierung des Rechners oder durch Diebstahl bei physikalischem Zugriff auf den Rechner. Die Nachrichten selbst dürfen nicht abgefangen werden, sonst könnten Rückschlüsse auf die Schlüssel gezogen werden. Der session key wird über das Internet übertragen und könnte abgefangen werden.

- Zertifizierung durch VeriSign

  Die Zertifizierung durch VeriSign sagt zunächst einmal nur aus, dass der Absender der richtige ist, allerdings nicht, dass die Website selbst sicher ist und nicht Ziel von Hackern war.

  Im Jahr 2011 war die niederländische Zertifizierungsstelle DigiNotar Ziel eines Angriffs, in dessen Folge gefälschte Zertifikate im Umlauf waren. Da die Schlüssel standardmäßig in Browsern integriert waren, führte dies dazu, dass zunächst unseriöse Seiten als vertrauenswürdig erkannt wurden und später auch seriöse von DigiNotar zertifizierte Seiten gesperrt wurden. [HEISE3]

Sonstige mögliche Schwachstellen

- Öffnen der Ports 443 und 8000

  Verwendet werden auf Seiten des Anwenders die Ports 443 (HTTPS) und 8000 (nicht standardisiert, aber oft für ShoutCast-Radio verwendet).

  Generell sollten nur die benötigten Ports geöffnet und nur für bestimmten Dienste erlaubt werden. Wenn der Port nach Beendigung nicht wieder geschlossen wird, ist er für Angreifer aus dem Internet verfügbar, auch für andere Dienste. Ein Portscanner könnte den offenen Port erkennen und Malware einschleusen.

9.4 Integrität des Programms ElsterFormular

Verfahren

Seit der Version 2008/09 ist ein Integritätsprüfer Bestandteil des Programms. Das Programm prüft, ob „Dateien in der richtigen Struktur in Ihrem Programmverzeichnis vorhanden sind sowie deren binäre Unversehrtheit (...)" [ELS-T]

Laut Finanzamt sind „(...) tatsächlich manipulierte Programme nach unserem Wissen nicht im Umlauf (...)". [ELS-T]

Mögliche Schwachstellen

Der User muss selbst aktiv werden und diese Funktion im Programm aufrufen. Mit einem gefälschten Programm könnte ein Angreifer nicht nur Missbrauch mit den Steuerdaten betreiben, sondern auch veranlassen, dass weitere Programme (Malware) nachgeladen werden.

9.5 Datenschutzgütesiegel des staatlichen Unabhängigen Landeszentrum für Datenschutz Schleswig-Holstein

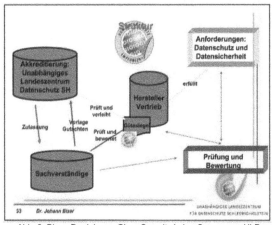

Abb. 8: Bizer, Dr. Johann, Ohne Security kein eCommerce, ULD

„Durch ein Gütesiegel wird bescheinigt, dass die Vereinbarkeit eines Produktes mit den Vorschriften über den Datenschutz und die Datensicherheit in einem förmlichen Verfahren festgestellt wurde."
„Die Gutachten werden von den beim Unabhängigen Landeszentrum für Datenschutz akkreditierten Sachverständigen und sachverständigen Prüfstellen erstellt."
[ULD]

Die ELSTER-Software wurde durch die datenschutz cert GmbH im Jahre 2010 überprüft.

Kurzgutachten der datenschutz cert GmbH vom 24. Juni 2010 [DCG]

Mögliche Schwachstellen

Obwohl in den FAQ von einer möglichen Befristung des Güteschutzsiegels zu lesen ist, ist in dem Kurzgutachten keine Rede hiervon, wenngleich einige Auflagen gemacht werden (siehe unten).

Der Anforderungskatalog, nach dem sich die Prüfung richtet, entspricht Version 1.2 vom 29.08.2005 und ist somit acht Jahre alt. (Punkt 8 des Kurzgutachtens).

Laut FAQ der ULD wird „das Gütesiegel für eine genau beschriebene Programmversion vergeben." [ULD]
Bei der Erstellung des Gutachtens waren aktuell ElsterOnline-Portal in der Clearingstelle, Release 16.0 vom 01.12.2009 und das ElsterFormular (Clientsoftware mit ELSTERClient ERiC Version 10.7.6.25787), Version 10.3.2.0.

Die Version der Anwendung ELSTERFormular, Stand Oktober 2013, ist 14.4:

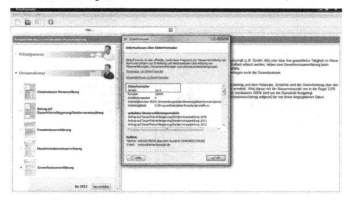

Abb. 9: Installation auf einem Rechner der Verfasserin

Des Weiteren wurde in der Zusammenfassung des Kurzgutachtens der Punkt Datensparsamkeit, Pseudonyme mit „in adäquater Weise sichergestellt" dargestellt und nicht wie andere Punkten mit „in vollem Umfang sichergestellt" bewertet. Das lässt auf Verbesserungspotenzial in diesem Punkt schließen.

In dem Abschnitt Kommunikationssicherheit des Kurzgutachtens wird darauf hingewiesen, dass mit Verwendung des Authentisierungszertifikats statt eines qualifiziertes Zertifikats „(…) individuell bewiesen werden (muss), dass eine übermittelte Information tatsächlich vom behaupteten Absender stammt.(…)."

Eine Wertung, über die Gültigkeit außerhalb Schleswig-Holsteins wird an dieser Stelle nicht vorgenommen.

Auflagen

1. Kurzgutachten, Punkt 9.1, Zulässigkeit:
   „Die Auditoren sprechen die Auflage aus, einen eindeutigen Bezug zwischen dem Ver-
   waltungsabkommen KONSENS und den in anderen Dokumenten fixierten oder zertifizierten technisch-organisatorischen Maßnahmen zum Datenschutz bei den Clearingstel-
   len herzustellen oder den derzeit zwischen den Parteien erörterten Entwurf einer schriftli-
   chen Regelung zu § 11 BDSG bzw. § 17 LDSG-S-H zu finalisieren."

   [Anmerkung: KONSENS steht für Grundlagen der Entwicklung einheitlicher Software für
   Finanzbehörden (Beschluss der Finanzminister der Bundesländer 2005)]

2. Kurzgutachten Punkt 9.3, Eingesetzte kryptographische Verfahren:
   „Gleichwohl sprechen die Auditoren die Auflage aus, den jährlich erscheinenden Algorith-
   menkatalog sowie die Veröffentlichung von diesbezüglichen Informationen – etwa vom
   Bundesamt für Sicherheit in der Informationstechnik – gründlich zu beobachten und bei
   Bedarf sofort zu reagieren."

   Anmerkung der Verfasserin:
   Wie in Abschnitt 9.1 beschrieben, wurde diese Auflage eingehalten, da Verschlüsse-
   lungslängen gewählt wurden, die dem aktuellen Stand der Technik entsprechen.

9.6 ISO-27001-Zertifizierung durch das BSI 2010

Allgemeine Beschreibung ISO-27001-Zertifizierung

Die ISO-27001-Zertifizierung wurde durch das Bundesamt für Sicherheit in der Informationstechnik geschaffen, um Unternehmen zu bescheinigen, dass diese dem Stand der Technik
entsprechende Sicherheitsmaßnahmen umsetzen.

Die Prüfung wird durch einen zertifizierten Auditor vorgenommen. Während der Gültigkeit
werden jährlich Überwachungsaudits durchgeführt.

Die Zertifizierung beinhaltet die Analyse, Konzeption, Planung und Umsetzung von Sicher-
heitsprozessen, die Erstellung von Leitlinien sowie die Einbindung, Sensibilisierung und
Schulung der Mitarbeiter aller Ebenen. In dem zu zertifizierenden Unternehmen müssen zudem Sicherheitsbeauftragte, Datenschutzbeauftragte und ein Informationssicherheit-Mana-
gementteam beschäftigt werden. [BSI-100-2]

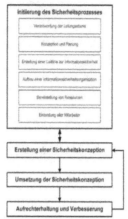

Abb. 10: BSI, Handbuch BSI-Standard 100-2, Phasen des Sicherheitsprozesses

ELSTER-Zertifizierung

Nach einer Rezertifizierung ist diese nun gültig bis 16.09.2016. Unter der Zertifikatsnummer BSI-IGZ-0151-2013 hat das Bayerische Landesamt für Steuern den „Untersuchungsgegenstand (...) ELSTER IT-Infrastruktur der Clearingstelle München beim Bayerischen Landesamt für Steuern mit ihren Rechenzentrumssystemen und Netzzugängen sowie den darauf betriebenen ELSTER Basisdiensten und Anwendungen" zertifizieren lassen. [BSI-E]
Die zweite Clearingstelle in Düsseldorf ist bis zum 25.08.2014 zertifiziert. Die Zertifikatsnummer BSI-IGZ-0094-2011 bezieht sich auf „die ELSTER IT-Infrastruktur der Clearingstelle Düsseldorf (...)". [BSI-E]

Die Berichte speziell zu ELSTER liegen nicht vor, so dass hier nicht weiter darauf eingegangen wird.

9.7 Fraunhofer-AISEC-Zertifikat für geprüfte JavaScript-Sicherheit

Weder von Seiten der ELSTER noch des Fraunhofer-AISEC-Instituts ist ersichtlich, was genau geprüft wurde.

Lediglich in einem privaten Blog-Beitrag von 2013 eines Finanzamt-Mitarbeiters wurde geschrieben: „Die Sicherheit der Nutzung von JavaScript im ElsterOnline-Portal wird erreicht mit JavaScript-Bibliotheken für im ElsterOnline-Portal benötigte Sicherheitsfunktionen, Nutzung der Content Security Policy und Sicherheitsalgorythmen auf Basis der Stanford Java Script Crypto Library vom Stanford Computer Security Lab. Ausschlaggebend ist auch die Begleitung und Prüfung durch das Fraunhofer Institut." [EB]

Daher wird auf dieses Zertifikat hier nicht näher eingegangen.

10. Schwachstelle Anwender und Handlungsempfehlungen

Generell besteht bei allen drei Sicherheitsstufen auch das Risiko der Kompromittierung des Rechners des Anwenders oder des Servers der Finanzverwaltung durch Viren, Trojaner, Keylogger etc. Dies ist allerdings nicht ELSTER-spezifisch und besteht auch bei „normaler" Internetnutzung.

Mit Anwender sind hier Personengruppen wie Arbeitnehmer, Selbständige, Freiberufler oder auch Steuerberater gemeint, also Menschen, die keinem IT-Beruf nachgehen. Da die Verpflichtung zur elektronischen Abgabe immer weitere Steuerarten erfasst, ist davon auszugehen, dass immer mehr nicht IT-affine Menschen sich mit der ELSTER oder anderer Steuer-Software auseinander setzen müssen, wenn sie keinen Steuerberater beauftragen wollen.

Sicherheitsmaßnahmen, die ergriffen werden sollten, aber nicht im Einflussbereich der Finanzverwaltung stehen:

Generelle Empfehlungen für Internet-Sicherheit

- Nutzung einer Firewall, wobei hier die unter Experten umstrittene Nützlichkeit von Software-Firewalls im Gegensatz zu Hardware-Firewalls erwähnt werden sollte, sowie evtl. Nutzung einer IDS
- Nutzung eines Virenscanners
- Aktuelle Updates für Firewall, Virenscanner, ELSTER, Java, JavaScript, Betriebssystem
- Browser nicht als Administrator verwenden (muss einmalig für die Verwendung des Sicherheitssticks gemacht werden)

Generelle Empfehlungen, die fortgeschrittenere Anwender-Kenntnisse erfordern

- Java / Empfehlungen des Herstellers Oracle [ORACLE]:
  - Java nur auf vertrauenswürdigen Websites aktivieren
  - Java-Cache regelmäßig löschen
  - Java nicht von unbekannten Anbietern ausführen lassen
  - Alte Java-Versionen entfernen (werden nicht automatisch entfernt bei Installieren einer neuen Version)

- JavaScript
  - JavaScript nur auf vertrauenswürdigen Websites aktivieren

- Ports nicht dauerhaft geöffnet lassen (Port 8000 muss für ELSTERFormular geöffnet werden)
- Integrität der Software ELSTERFormular und Updates prüfen
- Sicheren Kartenleser nutzen mit eigener Tastatur, Display und Firewall (Sicherheitsklasse 3 oder Secoder-Standard)

ELSTER-spezifisch

- Zertifikat und PIN nicht für Dritte zugänglich machen
- Passwort für die Steuererklärung selbst vergeben
- Anhänge in E-Mails, die scheinbar von dem Finanzamt stammen, nicht öffnen
- Vor Versand der Steuerdaten neue Sicherheits-Hinweise auf der ElsterOnline-Website sichten

11. Ausblick in die Zukunft

Unterstützung für den Betrieb der Software ELSTERFormular auf Linux und Mac OS ist derzeit aus Kostengründen nicht geplant, wie in Abschnitt 5 dargelegt.

Zukünftig sollen auch andere Behörden ELSTER-Zertifikate für eigene Anwendungen nutzen können, wie dies bereits beim Zoll der Fall ist. (OpenElster / authega)

Abb. 11: secunet Security Networks AG, Norbert Müller

Geplant ist auch die sog. Elsterbox in der Cloud, in die man mit einer ElsterApp mit dem Handy fotografierte Dokumente hochladen kann. [HEISE2]

Bezüglich der Sicherheit ist die Finanzverwaltung durch die Auflagen des Datenschutz-Güte-siegels angehalten, den aktuellen Stand der Technik und die Empfehlungen des BSI im Auge zu behalten und zu reagieren, insbesondere im Hinblick auf Verschlüsselungen (vgl. Abschnitt 9.5).

12. Fazit

Bei der Nutzung der elektronischen Steuererklärung ergeben sich diverse Gefahren, durch das Programm selbst, die Internetverbindung oder durch Kompromittierung der Rechner der Anwender oder Finanzverwaltung (Abschnitt 8.2).

Möglich wäre bspw., dass ein Angreifer Steuerdaten erfährt oder gefälschte Steuer-erklärungen oder -voranmeldungen abgibt, die dazu führen, dass das Finanzamt einen größere Betrag per Lastschrift von dem Konto des Steuerpflichtigen abbucht. Hierfür benötigt werden das Zertifikat und die PIN (drei Sicherheitsstufen, Kapitel 9.1). Dies könnte entweder über den physikalischen Zugriff auf den Rechner oder über Kompromittierung des Rechners oder der Internetverbindung geschehen. (Abschnitt 9.3). Ein zweites Zertifikat erstellen lassen im Namen des Zielnutzers wäre nur möglich, wenn der Angreifer Zugriff auf den Rechner, die Mails und den Briefkasten des Anzugreifenden hat. Sowohl im Falle des Ver-lustes durch Hardware-Defekt o.ä. als auch des Diebstahls des Zertifikats und nachfolgender Sperre wäre eine neue Registrierung notwendig. (Abschnitt 9.2)

Kernstück der Sicherheitsvorkehrungen der Finanzverwaltung sind die Zertifikate und Ver-schlüsselungen der Verbindung. Es wird eine hybride Verschlüsselung verwendet mit einem symmetrischen session key und Schlüsseln für die Nachrichten (Kapitel 9.3 und 9.1)

Diese sind zwar dem aktuellen Stand der Technik angepasst, bergen aber Risiken für die Zukunft, da alle Verschlüsselungen im Prinzip brechbar sind. Die Schwierigkeit liegt in der benötigten Dauer der Berechnung. (Abschnitt 9.3).

Bei solche Sicherheitsvorkehrungen ist generell zu beachten:

1. Schlüssellänge, Qualität des Zufallszahlengenerators
2. Verhindern, dass Mitarbeiter des Anbieters oder der Anwender selbst Geheimnisse preisgeben durch Zugriff auf den Rechner o.ä.
3. Verhindern der Kompromittierung des Rechners des Anwenders und des Servers des Anbieters
4. Absichern der Internetverbindung

Dies ist umso wichtiger, da immer mehr Bürger die ELSTER nutzen, weil die elektronische Übermittlung für immer mehr Steuerarten verpflichtend wird (Abschnitte 2 und 5), das ELSTER-Zertifikat für andere Behörden für eigene Anwendungen zur Verfügung gestellt werden soll und eine ELSTER-App geplant ist, mit der man Dokumente in die Cloud hochladen kann (Abschnitt 11).

Gerade zu Beginn der Entwicklung kam es zu diskussionswürdigen Fehlern in der Implementierung. So reichte alleine die Kenntnis der Steuernummer, um eine Steuererklärung abzugeben, und es wurden Teile der Erklärung unverschlüsselt übertragen. (Abschnitt 5)

Im Laufe der Jahre wurden die Sicherheitsmaßnahmen optimiert, die Schlüssellängen angepasst, weitere Sicherheitsstufen wie Sicherheitsstick oder Signaturkarten eingeführt.

In der Arbeit wurde auf ein veraltetes Datenschutz-Gütesiegel hingewiesen (Abschnitt 9.5), die Hilfetexte erscheinen oftmals zu schwierig für nicht IT-affine Anwender, und eine Steuererklärung ohne Steuerkenntnisse zu erstellen ist relativ schwer, da die ELSTER-Software im Gegensatz zu PC-Steuersoftware keine Ausfüllhilfe anbietet.

Dennoch bleibt nach Lektüre der in der Arbeit genannten Quellen zusammenfassend festzustellen, dass die Sicherheitsmaßnahmen sich auf dem aktuellen Stand der Technik 2013 befinden und bisher wenige tatsächlich eingetretene Schäden bekannt wurden. (Abschnitt 8.1) Auf den Versand von Phishing-E-Mails im Namen der Finanzverwaltung haben die ELSTER-Entwickler zudem keinen Einfluss.

13. Abbildungsverzeichnis

14. Quellenverzeichnis

[BSI-100-2]   Handbuch BSI-Standard 100-2, IT-Grundschutz-Vorgehensweise,
Version 2.0, Stand 2008
Datei: standard_1002.pdf

[BSI-A]   Bundesamt für Sicherheit in der Informationstechnik,
Faltblatt Zertifizierte IT-Sicherheit, Stand Oktober 2012
Datei: Zertifizierte-IT.pdf

[BSI-E]   Bundesamt für Sicherheit in der Informationstechnik,
ISO 27001-Zertifikate auf der Basis von IT-Grundschutz, Stand Januar 2014
https://www.bsi.bund.de/DE/Themen/ITGrundschutz/ITGrundschutzZertifikat/V
eroeffentlichungen/ISO27001Zertifikate/iso27001zertifikate_node.html

[CW]   Computerwoche, Ex-Microsoftler hackt Smartcard-Plugin für Windows Vista,
              17.03.2008
              http://www.computerwoche.de/a/ex-microsoftler-hackt-smartcard-plugin-fuer-
              windows-vista,1858730

[DCG]   datenschutz cert GmbH, Kurzgutachten zur Erteilung eines Datenschutz-
              Gütesiegels für das Produkt „ElsterOnline" im Auftrag des Bayerischen Lan-
              desamtes für Steuern, Version 1.0, 24. Juni 2010
              Datei: g100804-kurzgutachten-elsteronline.pdf

[EB]   Blog Persönliche Erfahrungen und Hilfestellungen zur Installation von Elster-
              Formular sowie zum ElsterOnlinePortal von AG1971
              Artikel ElsterOnlinePortal - mit JavaScript (ohne Java), 26.08.2013
              http://elstererfahrungen.blogspot.de/2013/08/elsteronlineportal-mit-javascript-
              ohne.html

[ELS-A]   Elsterweb, Anforderungen an die Software-Produkte externer Anbieter,
              Stand Januar 2014
              https://www.elster.de/ent_anforderungen.php

[ELS-F]   FAQ und Informationen zu ElsterFormular, Stand Januar 2014
              https://www.elster.de/faq_elfo_nw.php

[ELS-G]   Gesetzliche Verpflichtungen zur elektronischen Übermittlung von Steuerdaten
              und technisch mögliche Datenübermittlungen
              Stand 01.10.2012
              https://www.elster.de/download/Uebersicht_gestzl_Verpfl.pdf

[ELS-N]   Newsfeed der Seite elster.de, Stand Januar 2014
              https://www.elster.de/rss_nw.php

[ELS-R]   Art der Registrierung und Art des Logins, Stand Januar 2014
              https://www.elsteronline.de/eportal/eop/auth/RegistrierungBasis.tax

[ELS-S]   Signaturkarten für Authentifizierung, Stand Januar 2014
              https://www.ELSTERonline.de/eportal/UnterstuetzteSignaturkarten.tax

[ELS-T]   ElsterFormular, Technische Voraussetzungen, Stand Januar 2014
              https://www.elster.de/elfo_tech.php

[EW]   Elsterweb, Rechtliche Grundlagen
              Hinweis zur elektronischen Übermittlung ab dem 01.01.2013
              https://www.elster.de/untern_recht.php

[FB]   Finanzamt Brandenburg, ELSTER: Papierlos & sicher, Stand Januar 2014
              http://www.finanzamt.brandenburg.de/cms/detail.php/lbm1.c.392837.de

[HEISE]   HeiseSecurity, BSI warnt vor hochkritischer Java-Lücke, 28.08.2012
              http://www.heise.de/security/meldung/BSI-warnt-vor-hochkritischer-Java-Lue-
              cke-1677249.html

[HEISE2]   Heise online, Steuererklärung: Elster fliegt in die Wolke, 07.11.2012
              http://www.heise.de/newsticker/meldung/Steuererklaerung-ELSTERfliegt-in-
              die-Wolke-1745288.html

[HEISE3] HeiseSecurity, Falsches Google-Zertifikat ist Folge eines Hacks, 30.08.2011
http://www.heise.de/security/meldung/Falsches-Google-Zertifikat-ist-Folge-eines-Hacks-1333588.html

[HEISE4] HeiseSecurity, RSA-Schlüssel zertifizierter Smartcards geknackt, 17.09.2013
http://www.heise.de/security/meldung/RSA-Schluessel-zertifizierter-Smart-cards-geknackt-1959704.htm

[ORACLE] Oracle, Sicherheitstipps zur sicheren Verwendung von Java,
Stand Januar 2014
http://www.java.com/de/download/faq/security-tips.xml:

[SPIEGEL] Spiegel, Gefährliche Schwachstellen: Nutzer sollen Java abschalten und
Flash updaten, 10.01.2013
http://www.spiegel.de/netzwelt/web/bsi-warnt-vor-sicherheitsluecke-java-abschalten-und-flash-updaten-a-876862.html

[SS] Häufige gestellte Fragen zum Sicherheitsstick, Stand Januar 2014
https://www.sicherheitsstick.de/FAQs.html

[SW] Stiftung Warentest, „Steuererklärung: Kuckucksei im Elsternest, 20.03.2001
http://www.test.de/Steuererklaerung-Kuckucksei-im-Elsternest-20073-0/

[ULD] FAQ zum Datenschutz-Gütesiegel des Unabhängigen Landeszentrums für
Datenschutz Schleswig-Holstein, Stand Januar 2014
https://www.datenschutzzentrum.de/faq/guetesiegel.htm

[VLH] Vereinigte Lohnsteuerhilfe, Finanzamt: Immer mehr Fehler beim
Steuerbescheid, 29.05.2013
http://www.vlh.de/wissen-service/steuer-nachrichten/finanzamt-immer-mehr-fehler-beim-steuerbescheid.html

[Wikipedia] ELSTER
http://de.wikipedia.org/wiki/ELSTER

[ZEIT] Onlinebetrug, Falsche Steuerbescheide infizieren Computer, 01.02.2013
http://www.zeit.de/digital/internet/2013-02/elster-trojaner-warnung